QUESTIONS RÉPONSES

6/8 ans

les pôles

écrit par **Pat Jacobs**

traduit par **Gilles Mourier**

Nathan

Édition originale parue sous le titre :
I Wonder Why Penguins can't fly

Auteur : Pat Jacobs
Conseiller : David Burnie
Illustrations : Martin Camm 6-7, 9bg, 14-15, 16-17, 18 -19, 20-21, 22-23, 24-25, 26-27, 30-31 ; Phil Jacobs 4-5, 8-9, 10-11, 28bg, 29bd, 30bd, 31bd ; Peter Wilks (Plum Pudding) pour les dessins humoristiques.

Édition française :

Traduction : Gilles Mourier
Réalisation : Martine Fichter
Coordination : Véronique Herbold
avec la collaboration d'Aurélie Abah
N° éditeur : 10172165
ISBN : 978-2-09-253113-6
Dépôt légal : février 2011
Conforme à la loi n° 49-956 du 16 juillet 1949
sur les publications destinées à la jeunesse.

Imprimé en Chine

LES QUESTIONS DU LIVRE

4 *Où se trouvent les pôles ?*

4 *Pourquoi l'Antarctique est-il le continent le plus haut et le plus bas ?*

5 *Pourquoi y a-t-il quatre pôles ?*

5 *Comment le sud peut-il passer au nord ?*

6 *Peut-il neiger dans le désert ?*

6 *Les pôles ont-ils toujours été gelés ?*

7 *Quelle température fait-il aux pôles ?*

7 *Pourquoi l'Antarctique est-il plus froid que l'Arctique ?*

8 *Comment se forment les icebergs ?*

8 *Quelle est l'épaisseur de la glace polaire ?*

9 *Qu'est-ce que le pergélisol ?*

10 *Pourquoi le ciel s'enflamme-t-il ?*

10 *Qu'est-ce que le poudrin de glace ?*

11 *Y a-t-il plusieurs Soleils aux pôles ?*

12 *L'Antarctique est-il habité ?*

12 *Quels explorateurs ont découvert les pôles ?*

13 *Les Inuits vivent-ils dans des igloos ?*

14 *Y a-t-il des plantes polaires ?*

14 *Comment les plantes survivent-elles au froid ?*

15 *Trouve-t-on des arbres dans la toundra ?*

16 *Comment les animaux survivent-ils à l'hiver arctique ?*

16 *Les ours polaires sont-ils vraiment blancs ?*

17 *Quelles créatures changent de couleur ?*

18 *Quel animal s'attaque à plus gros que lui ?*

19 *Comment les bœufs musqués protègent-ils leurs petits ?*

20 *Quels dangers courent les macareux ?*

21 *Quel oiseau migre d'un pôle à l'autre ?*

21 *Trouve-t-on des pirates aux pôles ?*

22 *Pourquoi les manchots ne volent-ils pas ?*

23 *Pourquoi les ours polaires ne mangent-ils pas de manchots ?*

23 *Pourquoi les œufs des manchots ne gèlent-ils pas ?*

24 *Quel est le meilleur plongeur ?*

25 *Où trouver des poissons au sang clair ?*

25 *Quel animal est appelé « licorne des mers » ?*

26 *Qui dévore quatre tonnes de nourriture par jour ?*

26 *Pourquoi tant de vie dans les eaux polaires ?*

27 *Qu'est-ce que le krill ?*

28 *Que nous apprend l'Antarctique sur l'espace ?*

28 *Pourquoi trouve-t-on tant de météorites en Antarctique ?*

29 *Une machine à remonter le temps ?*

30 *Qu'est-ce qui pollue les pôles ?*

30 *Qu'est-ce qui troue la couche d'ozone ?*

31 *Et si toute la glace polaire fondait ?*

31 *Qui vit où ?*

32 *Index*

Où se trouvent les pôles ?

Le pôle Nord se trouve au centre du cercle arctique. Dans ce désert glacé, quelle que soit la direction où l'on se tourne, on est toujours face au sud. Le pôle Sud, lui, est situé exactement de l'autre côté de la Terre, au milieu du cercle antarctique, sur le continent Antarctique.

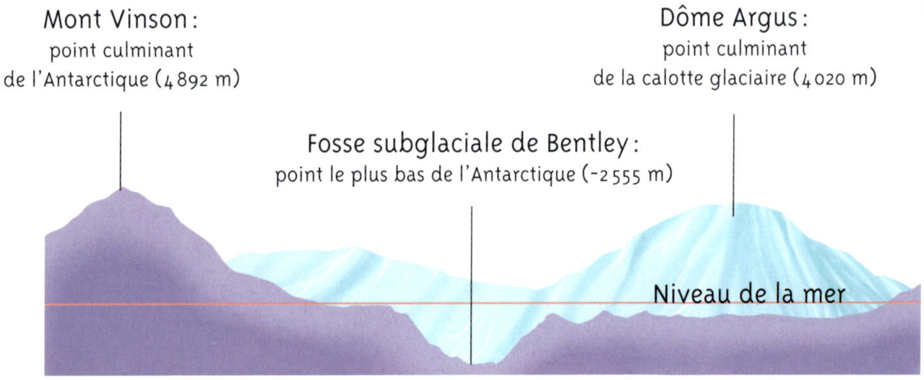

Pourquoi l'Antarctique est-il le continent le plus haut et le plus bas ?

L'épaisseur de la calotte glaciaire fait de l'Antarctique le continent le plus élevé au monde, 2 300 mètres de hauteur moyenne. À -2 555 mètres sous le niveau de la mer, la fosse subglaciale de Bentley, à l'ouest, est le point non immergé le plus bas du globe.

Aux pôles, le Soleil ne se levant et ne se couchant qu'une fois par an, la journée dure donc 12 mois. Comme la Terre est inclinée, un pôle fait face au Soleil six mois durant, et l'autre est plongé dans le noir. Puis c'est l'inverse.

Pourquoi y a-t-il quatre pôles ?

Les boussoles pointent vers le pôle Nord car la Terre est un énorme aimant.

Si les pôles géographiques au nord et au sud sont fixes, les pôles magnétiques correspondants se déplacent, eux, chaque jour car le champ magnétique terrestre change sans cesse.

Comment le sud peut-il passer au nord ?

Parfois, le champ magnétique terrestre s'inverse : la boussole orientée au nord pointe alors au sud – ce qui a eu lieu la dernière fois voilà plus de 780 000 ans. Les savants pensent que le phénomène devrait bientôt se reproduire.

Peut-il neiger dans le désert ?

L'Antarctique est le continent le plus sec, ce qui en fait le plus vaste désert sur Terre. Quant à l'Arctique, certaines zones sont aussi sèches que le Sahara. L'air très froid renfermant peu d'eau, il neige donc rarement dans ces déserts… de glace !

Ce dromadaire vit au Sahara, le plus grand désert chaud du monde.

Les pôles ont-ils toujours été gelés ?

De 100 à 65 millions d'années avant notre ère, le climat était plus chaud, et les pôles gelés que nous connaissons aujourd'hui n'existaient pas. Des forêts tempérées, habitées de dinosaures tels que l'Antarctopelta, s'étendaient jusqu'au pôle Sud. Le pôle Nord, lui, connaissait un climat subtropical.

L'Antarctique est l'endroit le plus venteux au monde. Les vents sur ses côtes peuvent atteindre des vitesses allant jusqu'à 300 km/h.

Quelle température fait-il aux pôles ?

En 1983, on a enregistré en Antarctique une température de -89,3 °C, un froid capable de geler le mercure d'un thermomètre. La moyenne au pôle Nord, en hiver, est de -34 °C, soit 15 °C de moins que dans ton congélateur.

L'ours polaire vit en Arctique, le deuxième plus grand désert glacé du monde.

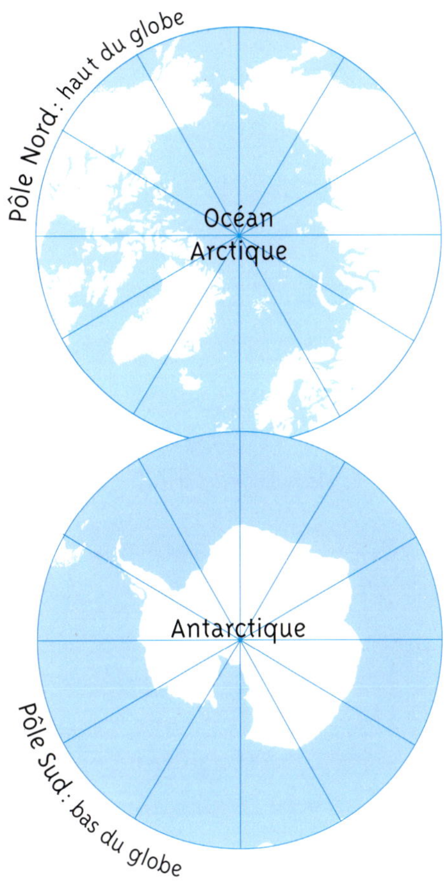

Pourquoi l'Antarctique est-il plus froid que l'Arctique ?

L'Antarctique est un continent cerné par l'océan, alors que l'Arctique est un océan cerné de terre. L'eau restant plus chaude que la terre en hiver, l'Antarctique est donc plus froid de 17 °C que l'Arctique, en moyenne .

Comment se forment les icebergs ?

Les icebergs sont de gigantesques blocs d'eau douce, détachés des glaciers ou de la calotte glaciaire, qui dérivent sur l'océan. Le plus grand iceberg jamais connu dépassait en taille l'île de la Jamaïque ; le plus haut équivalait à un immeuble de 55 étages.

Quelle est l'épaisseur de la glace polaire ?

L'épaisseur de glace de l'océan Arctique est d'environ trois mètres en hiver. Mais dans la fosse subglaciale de Bentley, le point le plus bas de l'Antarctique, elle atteint 4 800 mètres d'épaisseur, soit près de six fois la taille du Burj Khalifa de Dubaï.

Avec ses 828 mètres, le Burj Khalifa à Dubaï, au Moyen-Orient, est le plus haut immeuble au monde.

La glace fond lentement du centre de l'Antarctique vers la côte. Un iceberg qui dérive aujourd'hui peut très bien renfermer de la neige tombée sur le pôle Sud à l'époque des Néanderthaliens, les premiers des humains vivant voici 100 000 ans.

Seul un huitième d'un iceberg est visible en surface. Le reste est sous les eaux.

Les petits icebergs sont appelés des « bourguignons ». Ils émettent souvent des grognements impressionnants sous l'effet de l'air qui s'en échappe.

Qu'est-ce que le pergélisol ?

Le pergélisol est un sous-sol gelé qui ne fond jamais. On a exhumé du pergélisol de Sibérie, en Russie, un bébé mammouth parfaitement conservé, qui avait dû vivre il y a 10 000 ans.

Pourquoi le ciel s'enflamme-t-il ?

Le vent solaire apporte sur Terre des particules chargées d'électricité provenant du Soleil. Certaines pénètrent dans notre atmosphère au-dessus des pôles magnétiques. En frappant les gaz terrestres, ces particules créent de fantastiques lumières colorées, souvent vertes. Ces phénomènes, visibles en hiver, sont appelés aurores polaires, ou aurores boréales au Nord, et aurores australes au Sud.

Qu'est-ce que le poudrin de glace ?

Quand la température de l'air est très basse, les vapeurs d'eau de l'atmosphère gèlent en infimes cristaux ou poudrin de glace ; celui-ci tombe par temps clair. Le Soleil s'y reflète et fait étinceler le ciel comme s'il était poudré de millions de diamants.

Un « blanc dehors » survient lorsque les nuages, le sol et le ciel se fondent en une seule masse blanche, laiteuse, donnant l'impression de se trouver au cœur de nulle part. On perd alors le sens de l'orientation.

Y a-t-il plusieurs Soleils aux pôles ?

Le spectre de Brocken est une ombre projetée par le Soleil sur un brouillard éloigné. On distingue alors une large silhouette fantomatique, entourée d'un cercle lumineux.

Lorsque les cristaux de glace de l'air reflètent sa lumière, le Soleil semble parfois se scinder en plusieurs points lumineux. Le même phénomène se produit parfois avec la Lune, lorsqu'elle est très brillante.

L'Antarctique est-il habité ?

Personne ne vit en permanence en Antarctique, mais près de 4 000 savants y viennent en mission chaque été. Seuls 1 000 y restent pour affronter le sombre et glacial hiver. En été, de nombreux touristes visitent aussi ce désert glacé.

Des huskies tiraient autrefois les traîneaux des explorateurs. Les chiens sont aujourd'hui interdits en Antarctique, pour protéger la faune.

Quels explorateurs ont découvert les pôles ?

Deux Américains, Frederick Cook et Robert Peary, ont affirmé avoir gagné le pôle Nord – Cook en 1908 et Peary en 1909. Roald Amundsen, lui, a conduit la première expédition au pôle Sud en 1911. À partir de 1947, le Français Paul-Émile Victor dirigea plus de 30 expéditions du Grand Nord à l'Extrême Sud.

Les chercheurs de la station antarctique Concordia étudient, entre autres, les conditions de vie dans l'espace dont les températures extrêmes rappellent celles du pôle Sud. Ils seraient en train d'y tester des chaussettes spéciales pour astronautes.

Les Inuits vivent-ils dans des igloos ?

Le mot « iglu » signifie maison en langue inuit. Ce peuple de l'Arctique, les Inuits, vit donc bien dans des « iglus », mais les igloos de neige ne sont que des abris temporaires utilisés lors des campagnes de chasse.

Les rations des explorateurs comportaient du pemmican (viande, graisse et petits fruits séchés) et des biscuits de traîneau. Un collectionneur a acheté un biscuit de l'expédition Scott de 1910 environ 5000 euros, en 1999.

Le Norvégien Roald Amundsen a atteint le pôle Sud un mois avant le capitaine anglais Robert Falcon Scott.

Y a-t-il des plantes polaires ?

Les pôles restent couverts de glace toute l'année. Mais dans les régions un peu moins froides qui les bordent, comme la toundra arctique, certaines plantes peuvent pousser. Ayant passé l'hiver sous la neige, elles colorent le paysage de leurs fleurs durant une courte période au cœur de l'été.

Les fleurs de la toundra attirent de nombreux insectes qui attirent à leur tour des oiseaux. Ceux-ci se régalent de cette nourriture abondante, idéale pour leurs petits qui viennent de naître.

Comment les plantes survivent-elles au froid ?

Les plantes de la toundra, de petite taille, s'assemblent au ras du sol en groupes serrés. Certaines fleurs suivent la course du Soleil pour mieux capter ses rayons ; d'autres ont des tiges velues pour se protéger du froid.

Un harfang des neiges capture un lemming pour nourrir ses petits.

Trouve-t-on des arbres dans la toundra ?

Le mot « toundra » dérive du finnois, où il désigne une terre dénudée, une plaine sans arbres. On ne devrait donc pas en trouver. Pourtant une sorte de saule qui ne dépasse pas 20 cm de hauteur, s'est adapté à ce climat froid et venteux. Les caribous, les bœufs musqués, les lemmings et les lièvres arctiques s'en nourrissent.

La plupart des chouettes ne s'activent que la nuit, mais le harfang des neiges est bien obligé de chasser le jour. Sinon, il mourrait de faim durant l'été arctique, puisque le Soleil ne se couche jamais.

Une mince couche du pergélisol de ces régions fond en surface et empêche la neige fondue de s'enfoncer dans le sol. Des mares se forment alors. C'est là que se développent des larves de moustiques. Les nuées de moustiques sont parfois si grandes qu'ils rendent le ciel tout gris.

Saule arctique

En été, harfangs des neiges, caribous et autres animaux profitent de l'abondance de nourriture pour s'engraisser en vue de l'hiver et élever leurs petits.

Comment les animaux survivent-ils à l'hiver arctique ?

Pour survivre aux terribles températures de l'hiver arctique, les animaux polaires se couvrent d'une épaisse fourrure. L'isatis, ou renard polaire, se sert de sa queue fournie comme d'une couverture, et la plante de ses pattes est protégée de poils laineux. Il suit souvent l'ours blanc à distance pour finir ses repas.

Sous une épaisse fourrure, la peau de l'ours polaire est noire pour absorber la chaleur solaire et garder l'animal au chaud.

Le renard polaire entend les petits animaux qui se déplacent dans leurs terriers. Il fait alors des bonds pour briser la glace et se saisir de ses proies.

Les ours polaires sont-ils vraiment blancs ?

Si tu arrachais quelques poils à un ours polaire, tu te rendrais compte qu'ils sont incolores. Translucides, creux et emplis d'air, ils laissent passer la lumière, n'alourdissent pas la fourrure dans l'eau et lui donnent cet aspect blanc.

Les lemmings à collier sont l'un des aliments favoris des prédateurs arctiques. Une importante famille de renards polaires pourra en consommer plusieurs milliers jusqu'à ce que les jeunes quittent la tanière.

Quelles créatures changent de couleur ?

Le loup arctique, le renard polaire et les hermines blanchissent en hiver pour mieux s'approcher de leurs proies sans être vus. Les lièvres arctiques et les lemmings à collier virent aussi au blanc, mais dans leur cas, c'est pour empêcher leurs prédateurs de les apercevoir : blanc sur blanc, ils sont presque invisibles !

L'écureuil terrestre arctique, ou siks-siks en langage esquimau, hiberne d'octobre à avril pour échapper au froid. La température de son corps chute alors à -3 °C durant ces sept mois de sommeil, mais l'animal ne gèle pas.

Quel animal s'attaque à plus gros que lui ?

Le glouton (ci-dessous) est un chasseur rapide et farouche, armé de mâchoires puissantes et de griffes aiguisées. Ce prédateur de la taille d'un chien pourchasse sans difficulté lièvres, écureuils et oiseaux de l'Arctique, mais vole aussi leurs proies aux ours et aux couguars. Il attaque même parfois de bien plus gros animaux, les caribous par exemple.

Un glouton vole de la nourriture à un grizzly.

À la fin de l'été, les caribous frappent le sol de leurs sabots, secouent la tête et courent en tous sens. Ils tentent par là d'échapper aux mouches qui viennent pondre dans leur fourrure.

La côte antarctique abrite de nombreux oiseaux et animaux marins ; mais la plus grande créature qui passe toute sa vie sur terre est une mouche sans ailes d'à peine sept millimètres.

Taille réelle

Comment les bœufs musqués protègent-ils leurs petits ?

Les bœufs musqués adultes portent de longues cornes incurvées capables de blesser ou tuer les loups arctiques s'attaquant au troupeau. Quand les prédateurs s'approchent, les adultes forment un cercle autour de leurs petits, créant une barrière protectrice de leurs cornes.

Les bœufs musqués ont sans doute peu changé depuis la préhistoire, où ils vivaient avec les mammouths laineux et les tigres à dent de sabre.

Quels dangers courent les macareux ?

Les prédateurs naturels du macareux sont d'autres espèces d'oiseaux, comme le goéland. Mais l'homme représente certainement le plus grand danger pour sa survie. Se nourrissant de poissons et d'autres créatures marines, il est menacé par la surpêche et les marées noires. Les filets font des milliers de victimes, sans parler de la récolte de ses œufs ou de la destruction de son habitat.

Sur leur langue, les macareux ont des sortes d'épines pointant vers l'intérieur pour retenir les poissons capturés. On a vu un macareux en porter ainsi plus de 60 dans son bec.

Un skua chasse un goéland dominicain.

L'albatros hurleur a la plus grande envergure d'ailes de tous les oiseaux. Il vole superbement, mais se montre très gauche au sol. Lorsqu'il atterrit, il fait parfois des tonneaux, marche souvent sur ses propres pattes et trébuche !

Quel oiseau migre d'un pôle à l'autre ?

La sterne arctique se reproduit dans la toundra, puis s'envole vers l'Antarctique à l'approche de l'hiver. Elle retourne ensuite en Arctique, accomplissant ainsi la plus longue migration de tous les oiseaux. Elle parcourt plus de 30 000 kilomètres chaque année et vole durant 8 mois.

Sterne arctique

Un skua attaque une colonie de pingouins.

Malgré ses pattes palmées, la sterne arctique ne semble pas beaucoup aimer l'eau. Lorsqu'elle fond sur les poissons, elle évite de se mouiller.

Trouve-t-on des pirates aux pôles ?

Les skuas sont de véritables « pirates » : ils volent leur nourriture aux autres oiseaux en plein vol. Ils visent aussi les colonies de manchots, agissant souvent à deux : l'un distrait l'animal, l'autre vole son œuf ou son poussin.

Les manchots empereurs plongent jusqu'à 500 m de profondeur environ, en quête de poissons et de seiches.

Pourquoi les manchots ne volent-ils pas ?

Le squelette de la plupart des oiseaux est très léger, mais celui du manchot, au contraire, est très lourd. Il lui faudrait d'immenses ailes pour s'élever dans les airs. Les siennes sont donc devenues de robustes petites nageoires qui propulsent dans l'eau son corps profilé, protégé par une épaisse couche de graisse qui lui tient chaud.

Aile de manchot

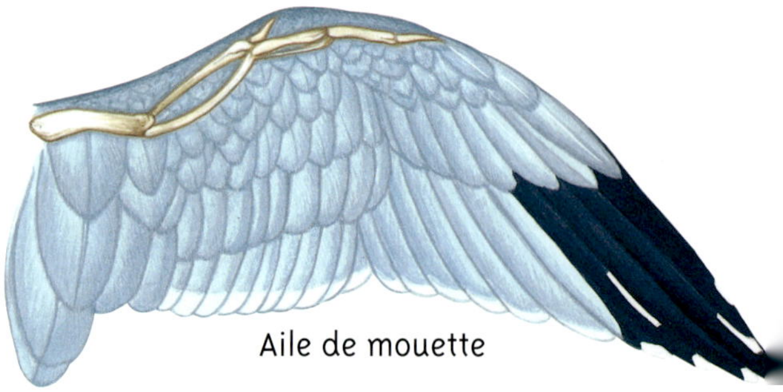

Aile de mouette

Pourquoi les ours polaires ne mangent-ils pas de manchots ?

Les ours polaires devraient nager bien longtemps pour attraper un manchot, car ils vivent l'un et l'autre aux extrémités opposées de la Terre. Les ours polaires peuplent l'Arctique, alors que les manchots ne vivent qu'en Antarctique !

Haut d'environ 1,7 mètre, un manchot se dandinait déjà sur Terre voici 25 millions d'années : il aurait pu regarder un homme droit dans les yeux. On a trouvé des fossiles de ce géant antarctique dans l'île Seymour, en 1930.

Pourquoi les œufs des manchots ne gèlent-ils pas ?

Abandonné sur la banquise, un œuf d'un manchot empereur gèlerait en quelques minutes ! Mais heureusement, le père du futur oisillon protège son œuf entre ses pattes. Il le gardera bien au chaud dans un repli de peau pendant environ deux mois, sans bouger et sans manger.

Quel est le meilleur plongeur ?

Très imposant, le phoque de Weddell plonge à 500 mètres pour aller pêcher les poissons et les seiches dont il se nourrit. Il peut ainsi rester plus d'une heure sous l'eau. Il se sert de ses puissantes dents pour creuser des trous dans la glace pour pouvoir respirer. Il souffle parfois de l'air par ces fentes pour surprendre les poissons qui se jettent alors dans sa gueule.

Le phoque de Weddell vit en Antarctique. C'est le phoque qui habite le plus au sud de la planète.

Le sang de certains poissons polaires, comme le Notothenia, contient un antigel naturel qui les empêche de geler dans l'eau glacée.

Où trouver des poissons au sang clair ?

Une espèce de poisson des glaces, le Champsocephalus gunnari, qui vit aux abords de l'Antarctique, est dépourvu d'hémoglobine (cellules rouges du sang). Son sang est clair comme de l'eau. Il se nourrit de petits poissons et de krill, formé de minuscules crustacés.

Dans l'eau glacée de l'Arctique, les vaisseaux sanguins du morse se contractent : sa peau semble blanche. Au soleil, lorsqu'il se réchauffe, elle devient brune, ou même rose.

Quel animal est appelé « licorne des mers » ?

La corne torsadée du narval mâle est en fait une dent géante qui pousse quand l'animal atteint l'âge d'un an. La corne d'un narval de dix ans peut être longue de trois mètres. On l'appelle « licorne des mers » car sa corne le fait resssembler à l'animal de légende, doté de pouvoirs magiques.

Qui dévore quatre tonnes de nourriture par jour ?

La baleine bleue est le plus grand animal qui ait jamais existé ; elle se nourrit pourtant de minuscules crevettes : le krill. Les mois d'été, elle en avale plus de quatre tonnes par jour quand elle vient se nourrir dans les eaux polaires.

Pourquoi tant de vie dans les eaux polaires ?

Les océans, aux abords des pôles, débordent de vie. L'eau froide absorbe davantage d'oxygène et les courants remontent à la surface de minuscules plantes, le phytoplancton. Le krill s'en nourrit avant d'être lui-même absorbé par la plupart des créatures marines.

Si les baleines bleues sont immenses, elles sont aussi très bruyantes. Les sons qu'elles émettent - on parle du chant des baleines - sont aussi puissants que le bruit d'un avion à réaction au décollage.

Qu'est-ce que le krill ?

Le krill est composé d'animaux microscopiques ressemblant à des crevettes qui se regroupent en bancs durant l'été polaire. Ces bancs peuvent s'étendre sur une surface énorme, visible depuis un satellite. La mer semble rose.

Dans les profondeurs de la mer antarctique vivent d'étranges créatures comme le tunicier, qui ressemble à une tulipe de verre, d'énormes étoiles de mer, des araignées de mer de la taille d'une assiette et des calamars géants.

Que nous apprend l'Antarctique sur l'espace ?

L'Antarctique est le lieu idéal pour tester sur Terre les robots spatiaux du futur : il y fait presque aussi froid que dans l'espace ! Le véhicule sous-marin *Endurance* de la NASA travaille aujourd'hui sous la surface glacée du lac Bonney. Il explorera peut-être un jour l'océan qui, selon les scientifiques, s'étendrait sous la croûte glacée d'une des plus grosses lunes de Jupiter.

Pourquoi trouve-t-on tant de météorites en Antarctique ?

L'Antarctique est un terrain idéal pour ramasser des météorites parfaitement visibles sur la banquise. Ces roches venues de l'espace sont parfois prisonnières des glaces depuis très longtemps. Le robot américain *Nomad* est capable de les repérer et de les rapporter aux chercheurs.

Les savants ont trouvé d'importantes quantités de poussière stellaire dans les carottes de glace tirées de l'Antarctique. On estime qu'elle y serait tombée lorsqu'un énorme rocher venu de l'espace aurait explosé au-dessus du continent, voici 480 000 ans environ.

Une machine à remonter le temps ?

En creusant la glace polaire à très grande profondeur, les savants remontent le temps. Les « carottes » de glace qu'ils rapportent à la surface les renseignent sur les changements climatiques. Chaque couche de glace renferme en effet des informations sur l'état de la planète à une époque donnée : éruptions volcaniques, feux de forêts, tempêtes de sable...

Durant l'hiver antarctique, la nuit polaire peut durer plusieurs mois. De plus, l'air est parfaitement pur : les conditions sont réunies pour observer les étoiles bien mieux que nulle part ailleurs sur Terre.

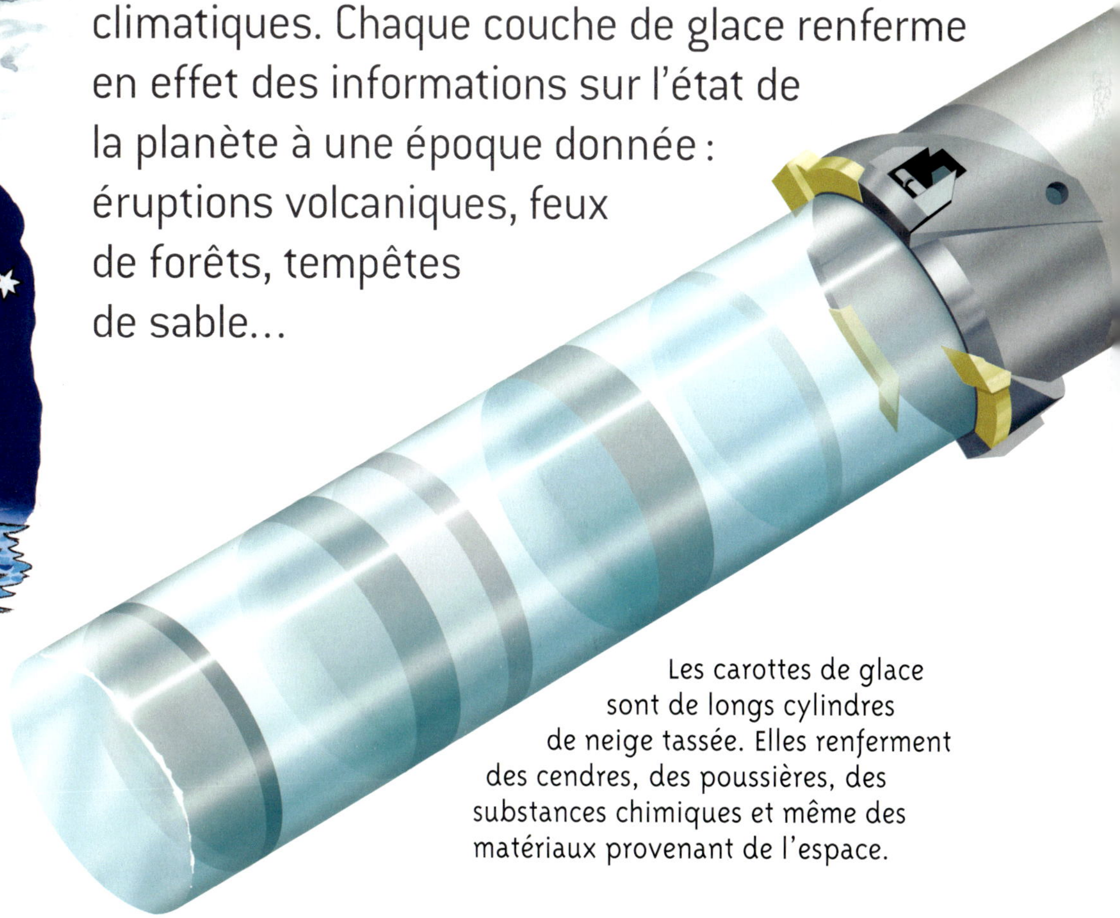

Les carottes de glace sont de longs cylindres de neige tassée. Elles renferment des cendres, des poussières, des substances chimiques et même des matériaux provenant de l'espace.

Qu'est-ce qui pollue les pôles ?

Malheureusement, l'activité humaine produit parfois des produits chimiques et des marées noires qui polluent notre monde. Les vents et les courants marins risquent alors de les emporter jusqu'aux pôles, où ils mettront en danger les créatures qui y vivent.

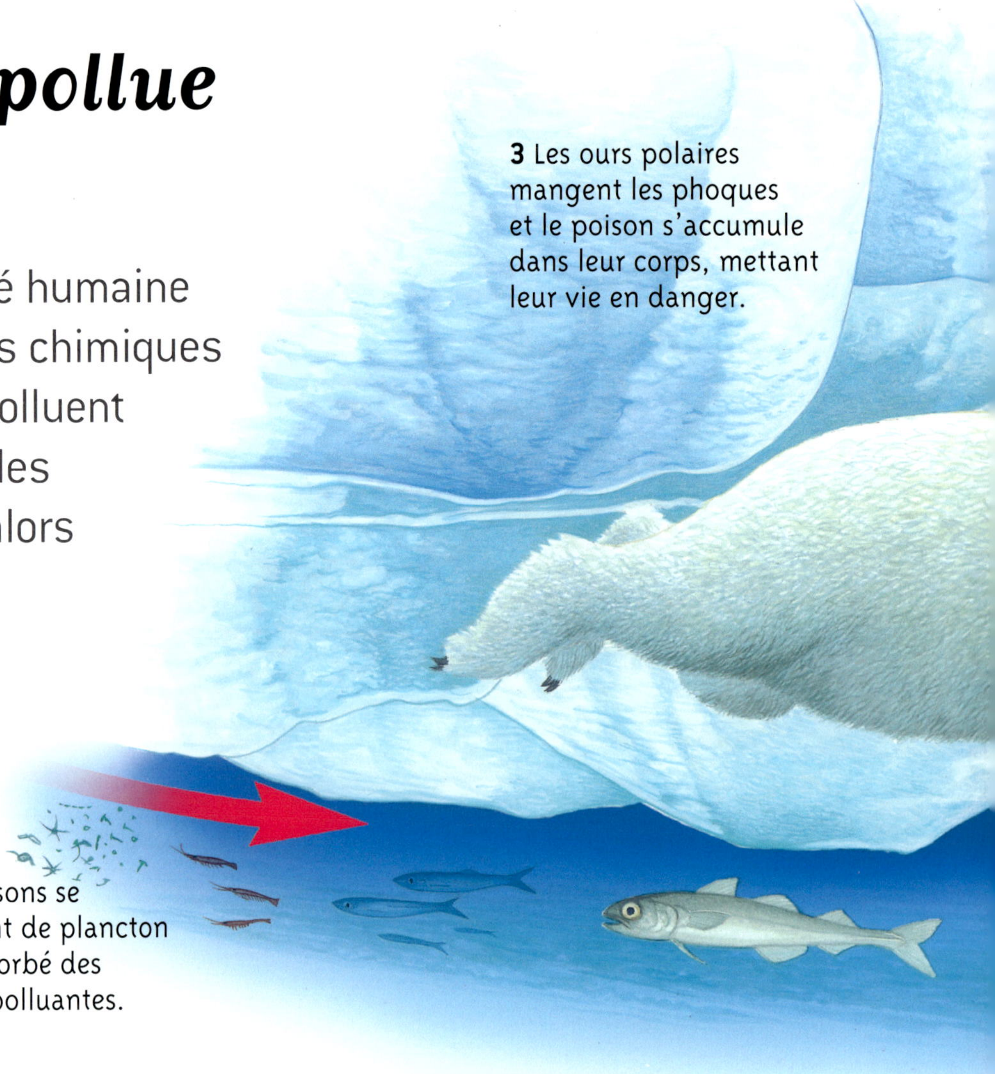

Qu'est-ce qui troue la couche d'ozone ?

L'ozone, un gaz de la partie supérieure de l'atmosphère, nous protège des dangereux rayons ultra-violets du Soleil. Les produits chimiques créés par l'homme l'attaquent. Chaque année, la couche d'ozone au-dessus de l'Antarctique s'amincit. Un plus petit trou est aussi récemment apparu au-dessus de l'Arctique.

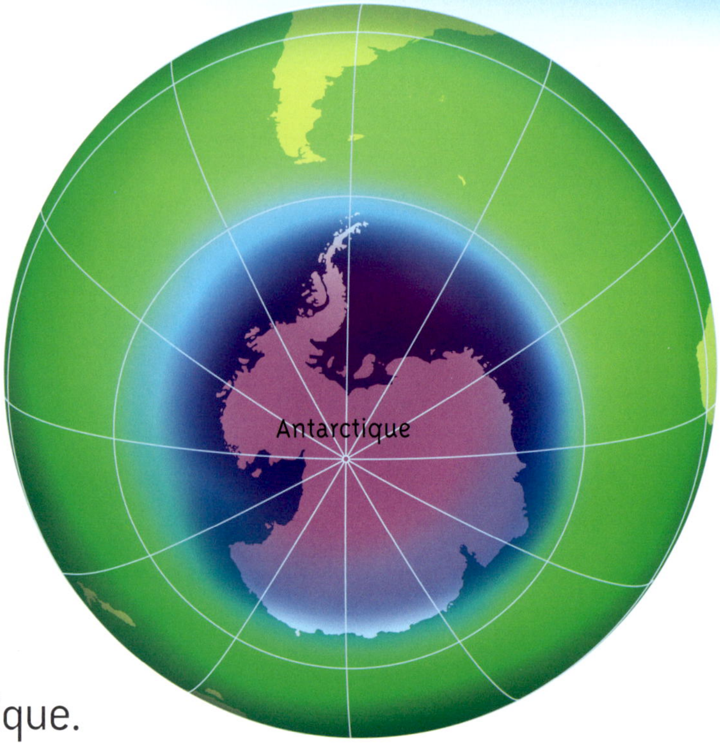

Couche d'ozone en 2009

Dense — Mince

Et si toute la glace polaire fondait ?

Si les calottes polaires venaient à fondre, le niveau de la mer monterait de 75 mètres environ. De nombreux pays de faible altitude seraient alors sous les eaux. Mais, heureusement, ce phénomène prendrait des milliers d'années.

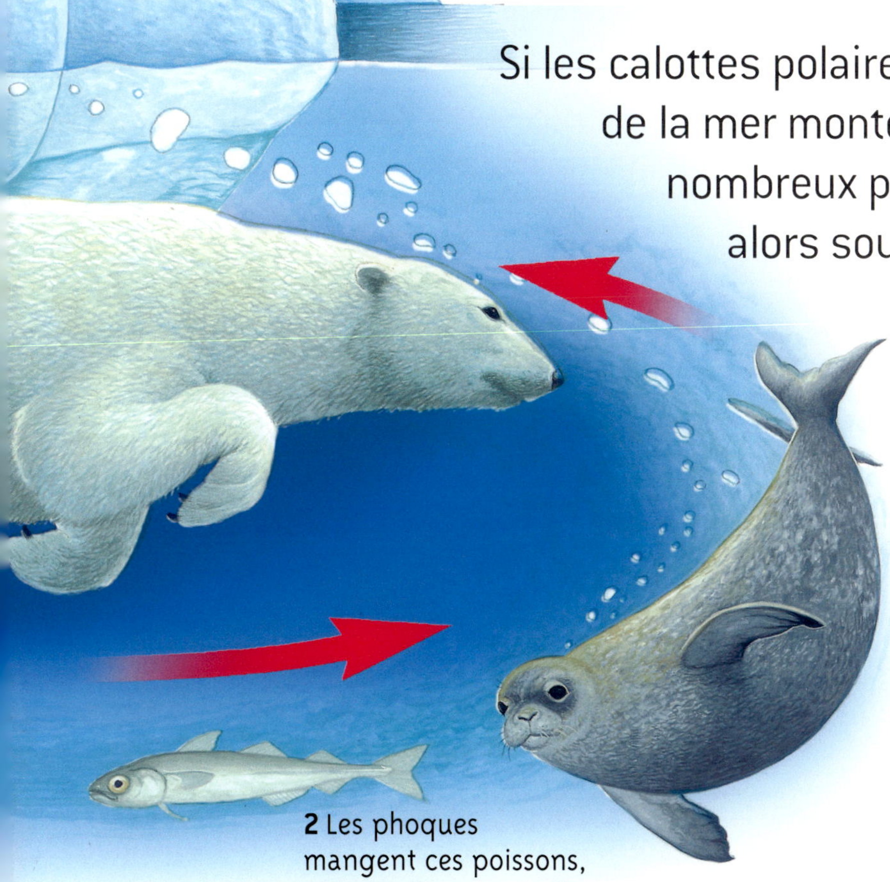

2 Les phoques mangent ces poissons, et les polluants nocifs se stockent dans leur graisse.

Qui vit où ?

Tu trouveras ci-dessous la liste des animaux présentés dans ce livre, classés selon leur lieu de vie.

Arctique
Bœuf musqué
Caribou (aussi appelé renne)
Écureuil terrestre arctique
Glouton
Harfang des neiges
Hermine
Lemming à collier
Lièvre arctique
Loup arctique
Macareux
Morse
Narval
Ours grizzly
Ours polaire
Phoque
Renard polaire

Antarctique
Albatros hurleur
Goéland dominicain
Phoque de Weddell
Manchot empereur
Poissons des glaces (Notothenia, Champsocephalus gunnari)
Skua

Arctique et Antarctique
Baleine bleue
Krill
Sterne arctique

Index

A
albatros hurleur 20, 31
Amundsen, Roald 12, 13
arbres 15
aurores australes 10
aurores boréales 10

B
baleines bleues 26, 31
blanc dehors 11
bœufs musqués 15, 19, 31
boussole 5

C
caribous 14,15, 18, 31
carottes de glace 29
cercle antarctique 4
cercle arctique 4, 5
chiens 12
continents 4, 6, 7, 29
cornes 19, 25
cristaux 10, 11

D
déserts 4, 6, 7, 12
dinosaures 6

E - F
écureuils terrestres 17, 18, 31
espace 13, 28, 29
explorateurs 12, 13
fleurs 14
fourrure 16, 18

G
glace 6, 8, 10, 11, 14, 24, 25, 28, 29, 31
gloutons 18, 31
goélands 20, 31
grizzlys (ours) 18, 31

H
harfangs des neiges 14, 15, 31
hermines 17, 31

I - J - K
icebergs 8, 9
igloos 13
insectes 14, 19
Inuits 13
jour 4, 5, 15, 26
krill 25, 26, 27, 31

L
lemmings 14, 15, 17, 31
lièvres arctiques 15, 17, 18, 31
loups arctiques 17, 19, 31
Lune 11

M
macareux 20, 31
mammouths 9, 19
manchots 22, 23, 31
mer 4, 25, 27, 31
météorites 28
migration 21
morses 25, 31
mouches 18, 19
moustiques 15

N
narvals 25, 31
neige 6, 8, 13, 14, 14, 16, 29
nuit 4, 15, 29

O
océans 7, 8, 26, 28
œufs 20, 21, 23
oiseaux 14, 18, 19, 20, 21, 22, 31
ours polaires 7, 16, 23, 30, 31

P
pemmican 13
pergélisol 9, 15
phoques 24, 31
plancton 26, 30
plantes 14, 15, 26
poissons 20, 24, 25, 30, 31
pôle Nord 4, 5, 6, 7, 12
pôle Sud 4, 6, 7, 8, 12, 13

pôles géographiques 4, 5
pôles magnétiques 5, 10
pollution 20, 30, 31
poudrin de glace 10
prédateurs 17, 18, 19, 20

R
renards polaires 16, 17, 31
robots 28

S
saule 15
skuas 20, 21, 31
Soleil 4, 10, 11, 14, 15, 25, 30
sterne arctique 21, 31

T
température 7, 10, 16
Terre 4, 5, 6, 10, 23, 28, 29
toundra 14, 15, 21
trou d'ozone 30
tunicier 27

V
vent 7, 10, 15, 30